EMG3-0116
合唱楽譜＜J-POP＞

J-POP
CHORUS PIECE

合唱で歌いたい！J-POPコーラスピース

混声3部合唱

ちっぽけな勇気

作詞・作曲：FUNKY MONKEY BABYS　合唱編曲：古賀 藍

••• 演奏のポイント •••

♪言葉が多くテンポの速い音楽なので難しく感じますが、各パート、同じパターンの繰り返しです。早く慣れて、楽しく元気よく歌いましょう。音をつけて歌う前に、リズムに合わせて言葉を喋る練習をしてみましょう。

♪この曲を演奏する上一番大事なのは"一体感"です。一体感ある演奏に仕上げるにはリズム感が大事になります。ピアノをよく聴いて、ビートを感じて歌いましょう。

♪B〜Eは、ソロやソリで歌うことが可能です。レベルやステージに合わせて、楽しくカッコよく自由に演奏してください。

♪ピアノは合唱がノリよく歌えるようにしっかりリードし、合唱を支えてあげましょう。

【この楽譜は、旧商品『ちっぽけな勇気（混声3部合唱）』（品番：EME-C3047）の改訂版です。】

合唱で歌いたい！J-POPコーラス

ちっぽけな勇気

作詞・作曲：FUNKY MONKEY BABYS　合唱編曲：古賀 藍

© 2007 by NIPPON TELEVISION MUSIC CORPORATION
& id ENTERTAINMENT
& dreamusic PUBLISHING Inc.

ちっぽけな勇気

作詞：FUNKY MONKEY BABYS

俺たちはまだちっぽけで　手のひらの中には
この手のひらの中には　何もないけど
雨に打たれ　風に吹かれ
でも諦めないから　でも諦めたくないから
きっといつか何かを掴むんだ

※俺たちはまだちっぽけで　手のひらの中には
この手のひらの中には　何もないけど
雨に打たれ　風に吹かれ
でも諦めないから　でも諦めたくないから
きっといつか何かを掴むんだ
ねぇそうだろ？　ねぇそうだろ？

皆(みんな)どこへ行っちゃったの？　俺一人だけを取り残して
神様できるなら　もう一度無邪気なあの頃に戻して
見えない未来が怖くて　周りの期待が怖くて
ホコリまみれ古いアルバムの1ページへ逃げたくなるよ
それでも　それでも　また始まる新しい朝
このまま　このまま　夜を待つのは悲しいから
弱気でくじけそうになる夢を　それがどんなにカッコ悪くても
泣き虫なら泣き虫らしく　涙の雨をあびるんだ

　　※くりかえし

今現在やってる事が本当にやりたい事なの？
今現在やってる事が自分に向いてる事なの？
なんて後戻りとか立ち止まり　時には後ろを振り返り
胸の中の迷いや葛藤に絡まってく感情
八王子の南口から家までへの帰り道
待ち遠しい友達と家族に　いつでも会える道
でも居心地がいいからって甘えて
これでいいのかなって気持ち抱えて
引っかかってんなら変えてこう　一歩ずつ前へと

　　※くりかえし

いつだって探していた　自分らしくいられる　そんな場所を
情けないほど小さな勇気と　恥ずかしいくらいの大きな希望を
胸に掲げて　いつまでも

俺たちはちっぽけなまま
何もわからないけど　何ひとつわからないけど　笑いあってた
手をつないで　肩を組んで
またあの河川敷で　またいつかの河川敷で
こんな歌を一緒に歌うんだ

　　※くりかえし

エレヴァートミュージックエンターテイメントはウィンズスコアが
展開する「合唱楽譜・器楽系楽譜」を中心とした専門レーベルです。

ご注文について

エレヴァートミュージックエンターテイメントの商品は全国の楽器店、ならびに書店にてお求めになれますが、店頭でのご購入が困難な場合、下記PC&モバイルサイト・FAX・電話からのご注文で、直接ご購入が可能です。

◎PCサイト&モバイルサイトでのご注文方法
　　http://elevato-music.com
　　上記のアドレスへアクセスし、WEBショップにてご注文ください。

◎FAXでのご注文方法
　　FAX.03-6809-0594
　　24時間、ご注文を承ります。上記PCサイトよりFAXご注文用紙をダウンロードし、
　　印刷、ご記入の上ご送信ください。

◎お電話でのご注文方法
　　TEL.0120-713-771
　　営業時間内に電話いただければ、電話にてご注文を承ります。

※この出版物の全部または一部を権利者に無断で複製（コピー）することは、著作権の侵害にあたり、
　著作権法により罰せられます。

※造本には十分注意しておりますが、万一、落丁・乱丁などの不良品がありましたらお取り替えいたします。
　また、ご意見・ご感想もホームページより受け付けておりますので、お気軽にお問い合わせください。